# RÉPONSE

## AUX LETTRES

# D'UN PAYSAN DE LA NIÈVRE

## SUR LES PROCHAINES ÉLECTIONS

### A L'ASSEMBLÉE LÉGISLATIVE

# PAR UN PAYSAN DE SAONE-&-LOIRE

Prix : 10 centimes.

AUTUN

IMPRIMERIE DE COCARDON ET NAISSANT.

1849

CHER PAYSAN DE LA NIÈVRE,

La présente est pour vous informer que
je me suis fait lire votre lettre sur les élections prochaines. Foi de *Simon*, — bien
connu dans son endroit, je m'en flatte, —
ça m'a fait plaisir. Et, encore que nous n'y
voyons pas du même œil, ça m'a rendu
glorieux, tout de même, pour nous autres
paysans. Après, il faut vous dire, que, dans
votre lettre, ça me fait l'effet d'un drôle de
pays, la Nièvre. C'est-il bien en France, ce
pays-là ? Le maître d'école le veut ainsi, et
même que nous soyons voisins. Moi, je n'y

peux contredire, n'étant si savant; mais toujours il y a que ça me semble singulier. Ensuite, peut-être bien que vous n'avez pas, dans votre Nièvre, ces nuées d'oiseaux carnassiers et de lois de toutes couleurs qui nous ravagent par ici, mieux que hâle et grêle. Pourtant, je croyais que les paysans étaient les mêmes par tous pays, guère plus heureux que savants. Il faut croire que chez vous ce sont tous de *gros monsieurs* qui font le piquet du curé, entre messe et vêpres, et lisent dans les gros livres, pour être si éduqués et si dévôtieux que vous paraissez.

N'importe, que j'ai dit au maître d'école, ce paysan de la Nièvre est toujours bien honnête d'avoir pensé à nous autres. Il faut lui écrire deux mots; avec ça qu'il ne sera peut-être pas fâché d'apprendre que, de nos côtés, la propriété ne nous fait guère vivre, et la religion pas du tout. Oui, qu'il m'a répondu, je vais tailler ma meilleure plume et lui tourner une lettre dont il sera content, votre *Niverniste* : c'est comme ça qu'il dit qu'on vous appelle. — Nenni, que je lui ai dit; c'est moi qui parle, le père *Bon-sens*.

Ecrivez à la bonne foi, tout du long, c'est plus sûr ; et puis les grands mots, ça ne me connaît pas : c'est bon pour les avocats ou les paysans de la Nièvre : chacun son affaire.

Vous dites donc, voisin, que *ce qu'il faut avant tout et par-dessus tout, c'est :*

### L'ORDRE MATÉRIEL.

Pour ça, ça me semble juste, et n'y vois rien à redire, pourvu que cet *ordre* ne profite pas seulement aux grands quartiers de terre et aux grosses bourses, comme ça s'est trop vu, et qu'on y fasse part aux sabots comme aux bottes. Nous avons par ici des hommes qui s'appellent *démocrates*, et qui ont là-dessus, ma foi, de bonnes idées. Si c'est comme ça que vous l'entendez, j'en suis, compère, et vive l'*ordre matériel*.

Vous dites aussi que notre bon Dieu est celui qui a dit :

### AIMEZ-VOUS LES UNS LES AUTRES.

C'est encore juste, ça, et très juste. Mais

pourquoi donc alors qu'on en voit tant qui
nous aiment d'autant mieux, que nous pei-
nons davantage et à plus petit profit ? Le
Dieu de ces gens-là serait-il le nôtre, par
hasard ?

### RENDEZ A CÉSAR CE QUI EST A CÉSAR.

Je ne connais pas votre *César;* mais ce
que je sais, c'est qu'il est écrit quelque part,
qu'il faut faire au pauvre, au paysan, à l'ou-
vrier ( car c'est tout un ), sa place au soleil,
et qu'il ne faut pas, quand il demande à
gagner sa vie et la vie des siens, comme
c'est dû à toute créature de Dieu, lui en-
voyer les recors ou les gendarmes. Si c'est
comme ça que vous l'entendez, voisin, je
suis aussi pour qu'*on rende à César ce qui
est à César.*

### MON ROYAUME N'EST PAS DE CE MONDE.

Et vous dites que : *dans cette espérance le
travailleur trouve une compensation à toutes
ses misères, à toutes ses douleurs.*
Cette fois, compère, vous nous la donnez

bonne, et je n'en suis plus du tout. Mais il faut que vous soyez millionnaire, et gras comme un moine, pour nous chanter cette antienne. Vienne le ciel au bout de tout, ça n'est pas de refus. Mais pendant qu'on trace son sillon sur cette boule, on y voudrait bien faire germer un peu d'aisance, et ça ne gâterait rien au paradis.

### RESPECT A LA PROPRIÉTÉ.

Ça, c'est mieux, et j'en suis, et chaud encore. Ah ! compère, quand donc le temps où l'usure, l'hypothèque, l'impôt, les désastres de toute nature ne fondront plus dans nos mains notre petit avoir, comme le soleil fond la glace ?

### RESPECT A LA RELIGION.

Parole d'honneur, voisin, on vous croirait de ceux qui en vivent, tant vous y tenez, ou que vous auriez un fils au séminaire. Enfin, chacun son idée, et la vôtre est là. Mais, croyez-vous qu'on ne la respecterait

pas mieux encore, si elle était plus accom-
modante et coûtait moins cher ? si ses mi-
nistres n'emplissaient pas tant leurs encen-
soirs pour les châteaux et ne se mettaient
point à leurs gages ?

Mais ce n'est pas tout. Vous dites que le
paysan était enthousiasmé sous l'Empire.
Oui, compère, oui, mais ce n'est pas pour
ce que vous prétendez. C'est que, de son
temps, l'Ancien n'entendait pas raillerie sur
l'honneur et les droits de la France, comme
on a tant fait après lui, et que nous l'ai-
dions, nous autres paysans, à faire filer doux
tous ces faquins d'étrangers.

Mais quand vous dites que nous étions
heureux sous la Restauration, — foi de *Simon Bon-sens*, — je crois que vous êtes tombé
dans vos enfances, mon vieux. Comment,
vous ne vous rappelez donc plus d'avoir vu
les Cosaques, et ruiné votre pauvre corps
et vos maigres guérets à lever ce honteux
milliard de l'étranger ? Où bien avez-vous
pris votre lopin dans cet autre odieux milliard de l'émigré qui nous a mis à sec ?......
Ah ! compère, compère, c'est quand nous

pensons à toutes ces horreurs-là, que nous nous reprenons à aimer l'*autre* et à le regretter.

Finalement, vous nous criez que nous étions tranquilles, partant heureux, sous la Monarchie de 1830. Tranquilles, dites-vous ? Oui, comme des bœufs éreintés. Vraiment, je vous plains, compère; il faut que vous ayez un grain.

Quant à la république, voyez-vous, n'en parlez plus comme vous faites dans votre petit livre, où ça ne finirait pas bien. Nous savons ce que nous devons à la première ; donc, motus là-dessus. Vous aurez beau dire et beau faire, vous et les autres ; nous voyons bien que si ça ne va pas mieux, c'est que certains n'y mettent guère du leur, et tirent plutôt, chacun de son côté et à contre-sens, afin de rompre la machine.

Pour en finir, voisin, dites-moi donc, pour Dieu ! quelle espèce d'hommes vous êtes, vous autres paysans de la Nièvre, de nous dire que nous avons nommé Napoléon par pur amour de la religion ? Aussi vrai que je demeure en Bourgogne (un fameux pays.

allez, sans faire tort au vôtre ), je crois que vous perdez le sens, de siffler cet air à nous autres qui aimons tant à nous faire conter par nos anciens, comment l'Empereur faisait emboîter le pas à ses bonnets carrés aussi facilement qu'à ses bonnets à poils. Pauvre cher homme que vous êtes, de vous imaginer que nous soyons en peine de nous procurer de la graine de capucinades et des margotes de capucins. Bien obligé ; nous avons assez de ronces et de mauvaises herbes ; gardez, gardez pour la Nièvre, puisque le climat convient.

Quant à l'avoir nommé pour défendre la propriété, voisin, voilà encore une couleur, une foncée, et qui ne prendra guère. Mais où donc qu'ils se cachent, ces beaux fils d'assez large carrure, pour venir toucher à nos champs, à nos prés, à nos ouches ? Et comment donc feraient-ils pour les emporter, compère ? Une pièce de cent sous volée, ça se conçoit ; elle se faufile au travers des autres, et ni vu, ni connu, bon voyage. Mais un arpent de bois ou un carré de luzerne ? Vrai, je serais curieux de voir ça.

Allez, allez, voisin, ceux qui font peur à notre petite propriété, ce ne sont pas les revenants qu'on nous veut faire croire, mais ceux qui leur crient après, et qui la dévorent gerbe à gerbe, fagot à fagot, et de mille manières. Ceux qui ne voulaient pas, — rappelez-vous ça, compère, — ceux qui ne voulaient pas qu'on salât à plus bas prix notre maigre soupe et le foin de nos bêtes, et qui jetaient les hauts cris et annonçaient malheur, comme si on eût voulu dessaler leur propre cuisine : ça nous est revenu, voyez-vous.

Ne vous mettez donc plus en quatre pour expliquer le vote du 10 décembre. Ce n'est pas surprenant ; on nous avait tant dit et de tous côtés, qu'on allait rendre les quarante-cinq centimes, et laisser souffler enfin la propriété et le commerce, et vider les prisons ; que sais-je encore, moi, car on n'y regardait pas alors : que pour l'amour de tout ça et du bon souvenir que nous gardions à l'*ancien*, nous nous sommes rencontrés six millions, à ce qu'on dit, le 10 décembre. Mais à présent, votre serviteur, va-t-en voir

s'ils viennent..... Enfin, suffit. Aussi, laissez
venir les élections pour la législative, et nous
leur revaudrons tout ça, mon bonhomme.

Dieu vous garde, compère.

## SIMON BON-SENS.

*P.-S.* — Si vous m'envoyez encore quelque lettre, nous tâcherons d'y répondre ;
le maître d'école garde taillée sa plume pour
cela.

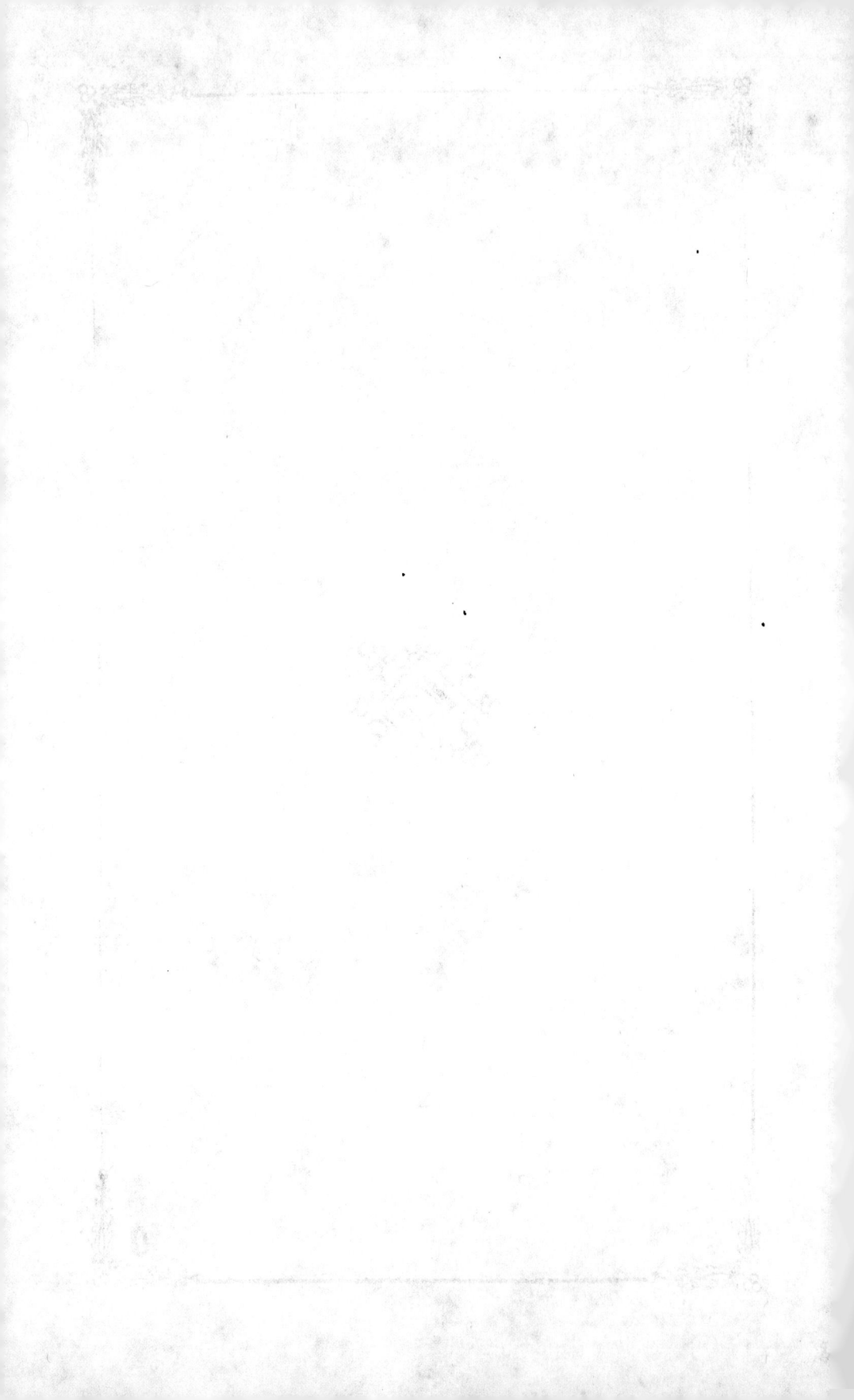

www.ingramcontent.com/pod-product-compliance
Lightning Source LLC
Chambersburg PA
CBHW060733280326
41933CB00013B/2615